EL MUNDO SEGÚN TERESA DI SCLAFANI

TERESA DI SCLAFANI DE NASCA

editorial
TecnoTur
¿Hay un libro dentro de ti?

El mundo según Teresa Di Sclafani

Publicado por Editorial TecnoTur

Edición: Saray De Andrade y Allan Tépper

Maquetación: Allan Tépper

Portadas, lomo y contraportada: Andreína Ascanio Toro

ISBN de la versión impresa de tapa blanda:

979-8-9890652-3-3

ISBN de la versión electrónica (*ebook*):

979-8-9890652-4-0

ISBN del audiolibro,

979-8-9890652-5-7

DEDICATORIA

En honor a mi marido muerto hace 15 años, el 8 de octubre del 2008, a mis hijos y mis nietos.

TABLA DE CONTENIDO

1. Capitales del mundo   1
2. Historia universal y monarquía   3
3. Evita Perón   9
4. Historia de la masonería   11
5. Carlomagno   15
6. Breve historia romana   17
7. Dinastía sajona   19
8. Guerras mundiales   21
9. Los judíos   29
10. La mafia   31
11. Guerra de Corea   39
12. Guerra Estados Unidos y Méjico   43
13. Leonardo Da Vinci   51
14. Inventor de la luz   53
15. Cristóforo Colombo   55
16. El milagro de José Gregorio Hernández   57
17. El Papa Francisco   59
18. Francisco de Miranda   61

Acerca de la autora   77

1

CAPITALES DEL MUNDO

- Italia capital Roma
- Rusia capital Moscú
- Alemania capital Berlín
- Francia capital París
- Inglaterra capital Londres
- Estados Unidos capital Washington, DC
- Puerto Rico capital San Juan
- Colombia capital Bogotá
- Ecuador capital Quito
- República Dominicana capital Santo Domingo
- Perú capital Lima
- Bolivia capital La Paz
- Venezuela capital Caracas
- Haití capital Puerto Príncipe
- Ucrania capital Kiev
- Nicaragua capital Managua

- Chile capital Santiago
- Paraguay capital Asunción
- Honduras capital Tegucigalpa
- China capital económica Shanghái

2

HISTORIA UNIVERSAL Y MONARQUÍA

- Felipe, Rey de Bélgica y Alemania, se casa con Matilde nativa de Varsovia y de familia aristocrática.
- Rey Balbino, nieto del Rey Manuel III, se casó con Paola 2002.
- El hijo del Rey Balbino, príncipe, se quería ir a Roma pero no podía entrar, ya que estaba en asilo. El Papa Juan Pablo Segunto intercedió para poder ir a Roma. Se involucró en la política con éxito. Se dedicó al baile, al canto, al deporte y ganó una competencia con una canción que dedicó a Italia.
- El Rey Manuel Alberto III de Saboya.
- Nace la Princesa Victoria, hija del Rey de Suecia, y en el 2003 se casa.
- Carlos Gustavo VI, el hijo militar, se casa con Schel. Era un hombre acaudalado, tenía una finca y una mina. Se casa en Meca.

- Emperador Di Sclafani nació en Alemania y era hijo de Giovanni, Conde Di Sclafani. Fue a luchar ayudando al emperador Carlomagno en Lombardía. Después fue a Palermo y construyó el Monasterio Real de las Trinitarias (que hoy es el Hospital Militar Las Trinitarias), la Iglesia de la Providencia, la Iglesia de San Agustín y la Iglesia de Nicolo Dell'arcadia. En 1330 el Conde pasó a Sicilia al servicio de Guillermo el Malo.
- Simón Bolívar juntó la Gran Colombia en 1819.
- Independencia de Bolivia 1825.
- Independencia de Venezuela 1811.
- Independencia de Estados Unidos 1776.
- Cristóforo Colombo, conocido en castellano como Cristóbal Colón, descubrió América en 1492.
- Rey de Inglaterra, Felipe Eduardo.
- Reina Isabel.
- En 1945 lanzaron una bomba atómica, murieron 2.000.000 de personas.
- El dictador Franco de España envió al asilo al Rey Felipe de Borbón exiliado a Roma. El Rey Juan Carlos de Borbón nació en Roma.
- Alemania hizo una guerra fronteriza entre Méjico y Estados Unidos por hundimientos de un barco.
- En 1989 negocian diplomáticamente con el Presidente de Rusia Gorbachov y se elimina la Unión Soviética.
- 1939 Japón atacó a Estados Unidos para prevenir sus planes militares ese año.

- Napoleón Bonaparte, conocido como un líder militar francés, se hizo famoso con la Revolución Francesa. Fue líder de facto durante la República Francesa. Fue el primer cónsul desde 1799 hasta 1804.
- Fidel Castro Dictador de Cuba 1960
- Jimmy Carter en 1976 fue a Cuba. Era un verdadero socialista.
- Giuseppe Garibaldi, Italiano, fue un general de éxito y patriota revolucionario. Contribuyó a la unificación Italiana. Durmió una noche en el pueblo de Alia.
- Acta de Unión, Tratado anglo-irlandés. 1 de mayo de 1707 - 1 de enero de 1801 - 12 de abril de 1922.
- Argentina, dictador Juan Domingo Perón. La esposa es Isabel Perón.
- 1917 la Revolución mejicana, donde hombres y mujeres lucharon.
- Somoza Dictador.
- En 1998 el Papa Juan Pablo II visitó Cuba.
- En Chile el dictador es Salvador Allende en 1973.
- Jorge Rafael Videla, dictador de Argentina desde 1976 hasta 1981.
- Marcello Levin Alejandro Agustil Lamine 1971 y 1973.
- 1942 Polonia era enemigo de la Unión Europea por estar contra Rusia y estar de acuerdo con Ucrania.
- Alemania siglo X, Otto el grande intervino en Italia.
- Siglo XI Conrado.
- Siglo XII en el norte de Italia, Federico Barbarroja enfrenta al Papa,

- Federico XII gobernado por Príncipe,
- Rodolfo XIII hace una reforma que protege a Nápoles.
- Siglo XVI cuestionada la práctica inglesa, reformada por Martín Lutero.
- Emperador Carlos V el Católico. Con la guerra de 1555 se divide del cristianismo y la guerra dura 30 años.
- Siglo XVIII la economía destruida Brandenburgo, Rusia, con apoyo de terrateniente del mercantilismo.
- XVIII Federico Rey de Rusia militarizó la ciudad y Austria, quedándose parte del territorio.
- XIX Napoleon Bonaparte no pudo quedarse por mucho tiempo. No los dejaron y además se enfermó por el frío.
- Mucho liberalismo y nacionalismo.
- Federico Guillermo IV hizo nueva constitución.
- Siglo XVI Rusia forma una aduana y el ferrocarril, eliminó el servicio militar obligatorio. Rusia quería ahorrar plata y poder hacer cosas importantes.
- 1862 Otto von Bismarck.
- 1864-66 Austríaco.
- 1870-71- Guillermo I, segundo imperio Alemán.
- Francia abrió varios bancos.
- Carlomagno, primer emperador de Roma. El imperio se dividió.
- Felipe I, 1060-1192.
- Federico 1214, el emperador. Duró hasta el 15 de marzo de 1217. Habían pasado muchas malas situaciones, la tierra no producía. Después

ingresaron a la tierra a los campesinos y empresarios para producir la tierra, haciendo grandes exportaciones de varios rubros. Estaba de acuerdo con el mundo entero. Sacaba carbón y minerales.

- Los reservistas empezaron a levantarse, que eran los mismos campesinos. Sacaron a los delincuentes de las cárceles y saquearon negocios y casas.
- En 1807 y 1809, los militares mataron a 9000 personas.
- Si la monarquía hubiera durado hasta 1950, todos habrían vivido muy bien.
- En la Unión Europea en 1907, los democráticos eran muy fuertes. Estaban contentos los campesinos, pues querían sindicato. Se formó la democracia centro derecha y el comunismo
- 1917 Lenín dictador, lucha por las revoluciones. Después Stalin en 4 semanas nombraron un gobierno provisional.
- 3 años de guerra civil con Lenín.
- Marinos y militares querían tumbar el gobierno. 50 mil militares pusieron un gobierno provisional.
- Niboleschi, socialista revolucionario.
- Denunciaron al ejército el 5 de enero de 1918 por traición a la Patria. Los democráticos hicieron una guerra civil entre comunistas y democráticos. Pusieron el servicio militar obligatorio en 1922 y 25. El ejército voluntario se volvió contra Rusia y se fueron a Checoslovaquia.
- 1919 y 20, Rusia invade Polonia.

- En 1921 había odio, hambre y miseria
- En 1961 vino Gorbachov.
- 77 años que Rusia derrotó a la Alemania de los Nazis.
- El 9 de mayo de 1945 terminó la guerra en Europa.

3

EVITA PERÓN

Evita Perón, a más de 70 años de su muerte, fue esposa de Juan Domingo Perón (el presidente de Argentina durante el siglo XX). Murió a los 33 años de cáncer de cuello uterino.

El cadáver de Evita fue embalsamado y extraviado, pero lo consiguieron después de 16 años. Se consiguió primero en Italia y después en España. El cadáver fue escondido y entregado a Perón. Eso dice la leyenda, que era un cuerpo sin tumba. Negociaron para devolver el cadáver a Perón con el gobierno de facto de Pedro Eugenio Aramburu.

Evita fue la figura más relevante de Argentina y fue un personaje muy querido.

4

HISTORIA DE LA MASONERÍA

Escuela secreta de enseñanza, cuyo lema es "libertad, igualdad y fraternidad". Sus enseñanzas son siempre iguales y la palabra masón significa albañil. Usaron como insignia la geometría, el sistema del triángulo y sus identificaciones.

Nadie puede saber el secreto de la masonería. Nadie revela los secretos, ni borracho, ni drogado, ni enfermo, y es un secreto que se lleva a la tumba. La regla, el compás y el ojo es la insignia de los masones. Para entrar en la hermandad la persona tiene que ser investigada. Si se equivocan y la persona entra y no sirve, los mantienen sin título y no les dan grado.

Hay 6.000.000 de masones en el mundo. No pudieron controlar el mundo los masones y fuera del templo son personas normales y trabajadoras. No es una secta y pueden tener cualquier religión. Un masón no puede ser ateo; tiene que creer en Dios. Todo masón es reconocido por el saludo y los tres puntos en las firmas.

El día de San Juan, 24 de junio, se hace un bautizo simbólico y les dan una medalla con insignia masónica. Cuando alguien inicia en la masonería, le dan un delantal blanco que se llama banderín, que lo tienen que llevar cuando se mueren. También pueden llevar anillo y medalla con insignia masónica, si no es grado 33.

Antes nadie sabía dónde estaban las logias, ya que el lugar era secreto. Después las logias estaban a los ojos de todo el mundo. Las logias son todas iguales: el techo, el piso blanco y negro, las pinturas todas iguales. Hay un Venerable y un Secretario y todos los templos en todos países han tenido la libertad de que puedan asistir todos.

Los masones hicieron historia, ya que hicieron unas revoluciones contra la Iglesia. Los masones y los judíos fueron asesinados (16000 personas). Viendo eso formaron un triángulo rojo, construyeron el aeropuerto subterráneo en Colorado y empezaron a pensar que tenían que cambiar el mundo. La masonería tiene 21 hospitales en los Estados Unidos, uno en Méjico y uno en Canadá, que se llaman *Shriners Hospital for Children*.

Escribieron mucho y se pensó que muchos personajes famosos eran masones, como Simón Bolívar. En Argentina, el dictador quería saber los secretos masónicos. El Presidente Alfonsin era masón y no lo veían bien los militares.

La gran logia sufrió una de las represiones más grandes de Alemania, donde fueron incautadas 4000 personas en el año 1442. Fueron excomunicados en el 1768, en el 83 y en el 97 por no estar de acuerdo con lo que hacía la Iglesia. El Papa V les quitó las excomunicaciones.

CARLOMAGNO

C arlomagno fue Rey de los Francos y Emperador Romano. En su infancia es bautizado por el Papa Esteban III y a sus 6 años le promete que todos serán bautizados.

En el año 752, el Rey de los Francos predicaba "libertad o muerte". En su juventud Carlomagno hereda unas mansiones en París, ocho espadas y un escudo, armas de los guerreros. A los 15 años le dieron las espadas ya que tenía que luchar con los sajones contra los paganos. En ese tiempo existía el imperio Romano, regido por el emperador Constantino, en el año 754.

Carlomagno maldijo a los paganos que habían traicionado a su Rey e hicieron una guerra sucia. En el año 782, en batalla murieron 4500 hombres. Se recuerda en ese período a Carlomagno, Rey de los Francos, y a todos sus seguidores, quienes pasaron muchos años de guerra y nunca se rindieron. "Libertad o muerte", gritaban.

En la guerra con los sajones, los convirtieron en cristianos creyentes, manteniendo siempre la piedad por los enemigos y con los que se convirtieron en cristianos. Carlomagno escapa a Roma y hace un castillo para el gobierno y construye catedrales, que tenían las cúpulas más altas de todos los templos.

En el año 800 le dan el título de Emperador y es coronado el día de Navidad por el Papa León III, quien por primera vez corona a un Emperador. Antes de Carlomagno, siempre el emperador era romano y por primera vez se coronaba un Emperador de origen francés. Al convertirse en Emperador de Roma, le ponen una corona de oro y brillantes.

A pesar de que no sabía ni leer ni escribir, Carlomagno hizo muchas reformas educativas incluyendo la enseñanza de la escritura. Promovió los monasterios, las iglesias y el estudio de la Biblia durante su Imperio. En su búsqueda de aprendizaje, entró en contacto con las culturas de España e Inglaterra. Entre otras cosas, Carlomagno decretó el domingo libre. En el año 875 todavía estaban satisfechos con Carlomagno.

6

BREVE HISTORIA ROMANA

- 500 años antes de Cristo, el Emperador Julio César fue a visitar Italia.
- Año 43, hubo una batalla que ganaron los Romanos.
- Año 260, el emperador construye una muralla de 180 kilómetros de largo.
- Se dividieron los Romanos en el 455.
- La batalla de Antonio Reyes Conkin en el 601.
- Año 670, Constantino IV es Emperador y luchó contra las invasiones.
- Juan Alberto fue bautizado católico en el año 793.
- Pichincha.
- Alfredo El Grande fue coronado en el año 879.
- bajo el control Danés 1015.
- 1066 El Rey Guillermo I construye la capilla de San Pedro.
- Entre 1016 y 1066 rige el Rey Guillermo I.

- En 1214 el Rey Felipe Augusto redactó la carta magna e instauró los impuestos.
- 1258 bancarrota de Inglaterra, pues no respetaron los estatutos.
- Segunda guerra de los Barones en 1260.
- La guerra de los 100 años.
- Enrique V de Inglaterra se encontró con las tropas francesas en Lombardía y obtuvo la victoria en 1420.
- Enrique V murió a los 35 años y se había casado con Margherita.
- Enrique VI era mayor de edad en 1435.
- Carlos VII muere en 1814 y es enterrado en Roma.
- Alemania comienza una nueva historia de los alemanes, el Imperio Romano Germánico.
- El pico de Carlomagno se llamaba la Tercera historia.

7

DINASTÍA SAJONA

- El Rey Enrique I vive en el castillo de los sajones.
- 933 El Rey Otón I es coronado.
- 1029 hasta 10.
- Enrique III, 1036-1046
- Conrado IV, 1056-1105, 50 años.
- Enrique V, en 1125
- Los religiosos no se podían casar en 1137, eran concubinos.
- Federico I, 1138-1168 Barbarroja.
- Nace 1198 Federico II, quien reinó en Sicilia desde 1220 hasta 1250 y fundó la Universidad de Nápoles.
- Salerno 1268-1273

GUERRAS MUNDIALES

Primera Guerra Mundial

En el año 1917 las tropas estadounidenses llegan a Europa y comienzan los combates contra los alemanes. Cuando entraron los marinos estadounidenses (fundados en 1817), los alemanes ordenaron la retirada y uno de ellos dijo que "los marinos americanos eran como diablos combatientes".

En 1918, los alemanes lanzan una ofensiva para ganar la guerra: 120 carros de combate. Más de 1200 alemanes fueron hechos prisioneros. Los estadounidenses estaban muy bien preparados y los alemanes se rindieron. Por eso se firma el armisticio el 11 de noviembre de 1918 a las 10 de la mañana. La Primera Guerra Mundial deja Europa devastada, 4 imperios desaparecidos, 60 millones de soldados muertos y 4 millones mutilados.

El 28 de junio de 1919 se firma el tratado de Versalles, que establece que los alemanes se harán responsables de los gastos causados por la guerra.

Entre los años 1932 y 1933, posterior a la Primera Guerra, ocurre el exterminio de los ucranianos, llamado también Holomodor. Durante estos años ocurre una gran hambruna, posiblemente causada por Stalin, quien decía crear nueva forma de vida. Los ucranianos no comían, estaban con los huesos afuera. Había una llamada de muerte y los niños se vestían de militares. La izquierda se unió con Stalin y con los Nazi. Alemania y Rusia eran aliadas y su idea era conquistar toda Europa. Asesinaron a 20 millones de personas.

Los inicios de Adolfo Hitler

Hitler había sido herido dos veces durante la Primera Guerra Mundial, en los años 1914 y 1918.

En agosto de 1936 inaugura los Juegos Olímpicos de Berlín como Canciller Alemán. Tres semanas después recibe al ministro Británico, cuya visita le deja contento.

El 18 de junio 1937 un piloto los acompañó. Para ese momento los comunistas desaparecieron y no había desempleo. En este año Hitler tenía una amante desde hace 4 años, llamada Eva Braun, a quien acompaña ocasionalmente en un apartamento. El padre de ella estaba molesto con la relación, pues eran una familia muy católica. Eva tuvo dos intentos de suicidio, ya que no se quería casar.

El 28 de septiembre de 1938, Hitler recibe la visita de Mussolini. Ese día hicieron una fiesta y firmaron un acuerdo o alianza.

En marzo de 1938 ocurre la unificación con Austria, algo que Hitler siempre había deseado. Dos semanas después, el destino de Checoslovaquia estaba sellado. El año siguiente visita un pequeño pueblo de Austria donde los niños le dicen "nuestro héroe".

La Segunda Guerra Mundial

El 1 de septiembre de 1939 Hitler invadió Polonia, dando inicio a la Segunda Guerra Mundial. Dos días después Italia y Francia declaran la guerra contra Alemania. Polonia tenía que entregar las armas y rendirse contando más de 70.000 muertes. Como nación deja de existir Polonia al ser dividida entre Alemania y la Unión Soviética. En sus planes estaba eliminar Italia y Francia.

El 10 de mayo 1940 comienza la Batalla de Francia. 3540 hombres abandonan Francia, dejando armas y metralletas todas abandonadas. Tropas inglesas y francesas son derrotadas, abandonando Francia a través del Canal de la Mancha. Un soldado alemán escribe a su esposa que habían ganado en solo cuatro semanas, que ondea la bandera y que suenan las campanas.

Gran Bretaña se opone a rendirse y dice que la guerra continuará hasta que una de las naciones desaparezca. Así comienza la batalla de Inglaterra, los combates aéreos entre las fuerzas aéreas inglesas y alemanas. Hitler dice que tiene un excelente piloto y que si los enemigos lanzan 4000 bombas, ellos lanzarán 200.000. Más de 4000 personas murieron como consecuencia de estos combates.

Hitler pierde contra Inglaterra y comienza el exterminio de los judíos. Hitler quiere que se distinga a los judíos con brazalete y cadena con la estrella de David. Todos los días mueren entre 40 y 50 personas con hambre. Los Nazis usaron las antiguas religiones en sus conspiraciones, enviando a un grupo de sacerdotes en barco hasta la India. Hitler tenía sangre judía, según algunas teorías, y además tenía un astrólogo.

Hitler abandona sus planes de invadir Inglaterra y decide luchar contra Rusia, pues quiere eliminar el comunismo y hacer una guerra de exterminio. Para ello hay más de 3000 soldados alemanes contra Rusia y todos querían una victoria. Uno de estos soldados escribe a su casa diciendo que se piensa terminar con Rusia. Cuando termina la guerra, muchos de ellos han sido asesinados.

En el año 1941, Hitler y sus generales no logran derrotar a Rusia mientras los judíos mueren. Hitler decide que quiere derrotar a los japoneses. Los militares alemanes se quieren retirar, pero Hitler se opone. Dos meses después el ejército soviético captura más de 1200 alemanes, 90 mil alemanes se rinden y 80 mil mueren en campos de concentración. Al final de 1942 trasladaron 1200 niños y mujeres.

El 15 de agosto de 1943 las tropas estadounidenses se apostaron en Messina, Italia, llegando en barcos desde África.

Luego de los ataques contra los alemanes e italianos, Messina quedó destruida, pero ganaron los aliados. Una vez que se retiraron todos los alemanes y desapareció el fascismo de la isla de Sicilia, los estadounidenses crearon un ambiente de normalidad.

Poco después, el ejército británico desembarcó en Calabria preparando un nuevo combate. Sin embargo, los campos de aterrizaje fueron arreglados por los militares Italianos, quienes habían vuelto a organizarse. Llegaron mecánicos para arreglar los aviones y restos de maquinaria alemana. Los británicos lucharon contra los Italianos y los alemanes, poniendo en riesgo la vida de muchos pilotos al aterrizar.

El 8 de septiembre de 1943 los soldados de Badoglio aterrizaron en Salerno, pues la guerra no había terminado. Los aliados perdieron muchos hombres y la batalla continuó contra los buques de la marina italiana. Finalmente, la armada italiana se rinde y declara que la guerra había terminado. Italia quería reclamar los arreglos de todas las flotas, pues la marina italiana quedó destruida. Al final Italia renunció a toda la armada, que se la llevó Alemania y Rusia y así la marina italiana emprendió una nueva era.

En Palermo todo era fiesta y los soldados estadounidenses se sintieron como en su casa. Bailaban, cantaban, montaban a caballo, jugaban con los niños, iban a la plaza y se bañaron en el agua cristalina de Palermo. Trajeron equipos tractores y con ellos limpiaron toda Sicilia. Dieron vuelta por todos los pueblos con canciones, tirando caramelos y chocolates a los niños, que nunca los habían comido.

En el año 1944 ocurre el Desembarco de Normandía. Los estadounidenses entraron a Europa con 8000 soldados. El desembarco era difícil y les afectó, con el 60% de los soldados sufriendo mareos. Cada soldado tenía una carga de 45 kilos más un rifle pesado. 1450 soldados murieron en el desembarco y un tercio de ellos murieron en el agua. Eran las 6:42 de la mañana y les iba muy mal. Si no salían de la playa, no podían atacar. Las olas eran de dos metros de altura. Si el agua era de 80 centímetros, el rifle disparaba y se moría. Cuando el rifle disparaba a un metro, se salvaba. Cuando salieron consiguieron miles de muertos.

Los alemanes, hombres entrenados para situaciones peligrosas, pensaban que habían fracasado. Se consiguieron unos campesinos luchando. Enviaban palomas mensajeras y en todas partes los alemanes atacaban. Los ingleses siguen adelante y llegan hasta las calles de Hamburgo, que están calcinadas.

Durante este mismo año, 1944, los aliados franceses salieron de Gran Bretaña para volver a Francia. Hasta los niños se pusieron a luchar. Los alemanes empiezan a perder, abandonados por Hitler quien aún dirigía la guerra. Su salud empieza a sufrir y muestra problemas del corazón y mal de Parkinson.

Durante 12 años un equipo construyó un misil en secreto. Los aliados continuaron avanzando y los alemanes perdieron la guerra. El 11 de abril 1945 los aliados llegan al campo de concentración en Bambau, donde un soldado único sobrevivía. El crematorio estaba lleno. "Si sobrevive, no olvide nuestro destino". Los estadounidenses vieron los desastres que habían en los campos de concentración.

El 21 de abril de 1945 los soldados soviéticos entraron en Berlín. Han muerto alrededor de 28 millones de personas. Dos millones de mujeres, muchas alemanas fueron violadas.

A esta altura Hitler no sabe qué hacer y se siente impotente. La guerra ha terminado y se siente responsable del fracaso. Se casa con su amante y escribe un discurso o testamento político a sus seguidores. El 30 de abril de 1945, Hitler se suicidó junto con su ahora esposa, Eva Braun.

En el último mes los estadounidenses abarcaron las calles de Túnez. Los estadounidenses desfilaban en la calle en camiones. Los aliados llegaron a Francia, mientras que los Italianos no estaban contentos. Los militares estadounidenses habían dejado a los italianos y después de tres años todo había terminado. Los italianos habían luchado con valor.

9

LOS JUDÍOS

Los judíos no tenían patria. España los puso en un barco que en ningún punto fue recibido. Nadie los quería en sus tierras hasta que llegaron a Puerto Cabello, Venezuela. Allí fueron recibidos con los brazos abiertos; niños, niñas y adultos hicieron fiesta.

En 1948 les dieron un pedazo de tierra en Israel muy pequeño, donde hicieron un jardín. Hoy la comunidad judía controla el mundo en riqueza y por los sindicatos del trabajo.

LA MAFIA

La mafia siciliana

El origen de la mafia en Italia se remonta a 1812 en Sicilia. Se reclutan 20.000 propietarios de tierra para llenar el vacío de autoridad. Muchos países no tenían policía y, para controlar a los bandidos, se establecen las mafias, quienes se rigen a través del código de silencio. Vito Cascio Ferro era un capo de mafiosos que mandaba a 8000 hombres, robaba ganado en cantidad y mataba personas en Sicilia y el distrito Corleone.

Con la llegada al poder de Mussolini, los mafiosos empiezan a ser perseguidos y una guerra en Palermo les aguardaba ya que el fascismo quiere eliminar la mafia. Varios fueron asesinados y muchos se mudaron junto con sus familiares a los Estados Unidos, para traficar allí con drogas, cigarrillos y alcohol.

Algunos años antes de la Segunda Guerra Mundial, Estados Unidos se convirtió en el centro de la mafia, dirigida por Al Capone. Para tener más futuro, la mafia se tiene que establecer en Latinoamérica y se organiza la mafia en Cuba, por lo que el célebre de la mafia pasó año nuevo allá.

La mafia en Cuba

Un jóven Lansky llega a Estados Unidos en los años 20, donde empieza a pagar y jugar a las cartas. Para 1928 Lansky se convierte en el asesor de Lucky Luciano, un italoestadounidense prominente en el mundo de los mafiosos. Se les multiplican los negocios, por lo que Lansky convence a Luciano de crear y blanquear dinero en Cuba y administrar el negocio directamente con el dictador Batista. Luciano es acusado y cae preso, por lo que el FBI dice que Luciano debe trasladarse a Estados Unidos.

Durante la Segunda Guerra Mundial, Luciano sale de la cárcel con las condiciones de no volver a Estados Unidos y se va a Cuba, donde se entrevista con Batista. Después de varios meses Luciano es el jefe de la mafia latinoamericana.

Cuba se convierte en un centro de la mafia y comienzan a construir hoteles. La presencia de Luciano en Cuba está despistando al FBI y la mafia le dice que no vaya más a Cuba. Luciano abusa de la libertad de la isla después de estar encerrado. Luciano se comunica con los mafiosos de los Estados Unidos y les dice que entra con pasaporte italiano. Envía depósitos de dinero a Suiza y también a nombre de Batista.

Mientras tanto, Fidel Castro empieza a hacerse ver en Cuba. Los está estudiando y dice que necesita libertad, no revoluciones. En 1952 Batista hace un golpe de estado y vuelve al poder. Lansky convertirá a Cuba en el mejor puerto, con muchos casinos atrayendo a los estadounidenses con su encanto y comodidad. Lansky revoluciona los juegos de azar.

Batista censura los casinos que no cumplen las condiciones, pero la mafia le ofrece garantías para que los habitantes mejoren su nivel de vida. Al final todo se va al bolsillo de los casinos. Lansky ve con preocupación que Batista quiere ganancias 50/50, lo que no les conviene. Luciano y Lansky dicen que la mafia está dispuesta a negociar con la guerrilla revolucionaria sólo eliminando a Batista.

En 1958 lo espera en el Hotel Nacional y Batista se despide de la mafia. Lansky dice que empieza la nueva era: "tenemos que empezar la nueva era, tenemos que llevarnos toda la plata que podamos". En 1959 Fidel derroca a Batista y se nombra comandante, pero no recibió a los de la mafia. Lansky huye con cientos de miles de dólares y se va a *Miami*, aunque un colombiano le había sugerido ir a Medellín. Para la fecha de su muerte a los 80 años, Lansky es el más rico de los Estados Unidos.

El 3 de mayo de 1999 se inauguró el Hotel Venezia en Las Vegas. Contaba con un centro comercial lujoso de 500 metros, restaurante de primera clase y canal con góndola. Una noche cuesta 425 dólares, para 2 adultos y dos niños.

La mafia en Méjico

Virginia Hill, también conocida como la Reina de la mafia, fue una de las figuras más importantes del crimen organizado. Virginia se muda a Chicago para escapar de su marido violento y busca trabajo en un bar. Allí se hace amiga de un coronel, quien la ayuda pues ella se sentía en peligro. Gracias a sus habilidades, ella entra en la mafia y comienza a ser parte de los negocios.

Virginia se une a Luciano en Nueva York y el FBI se mueve para eliminarlos, mientras Luciano hace una fortuna. Virginia viaja a Los Ángeles y empieza a hacer grandes fiestas para hacer contactos.

Construye el primer casino en Las Vegas, el Hotel Flamingo, junto con su amante Bugsy Siegel, otro de los socios de Luciano. La mafia acusa a Virginia de trasladar la plata destinada al hotel a sus cuentas personales en Suiza. Ella huye hasta que encuentra en el diario la noticia que tanto temía, Siegel fue asesinado, y sabe que las traiciones se pagan con la vida. Virginia se quiere suicidar y se toma pastillas, pero se salva.

Luciano es enviado a Sicilia por el gobierno estadounidense y Virginia le pide perdón. Él le da una segunda oportunidad y la envía a Méjico a expandir las redes de la mafia. Es 1948 y Méjico florece. Virginia se va al centro nocturno de la capital de Méjico y, haciéndose pasar por millonaria, empieza a hablar con los políticos. Le dan una lista de nombres que debe contactar allá. En Méjico, los políticos están controlados por la mafia, incluyendo el Presidente Miguel Alemán. Se incrementa el turismo en Méjico y se instalan casinos.

Virginia es pieza importante en el comienzo de la mafia en latinoamérica. Viajando en aviones privados entre Sicilia y Méjico, ella comienza a llamar la atención de los periodistas y comienzan las investigaciones del FBI. Virginia intentó disimular las publicaciones en los periódicos mientras que el FBI preparaba una ofensiva. La Reina de la mafia cae en su propia trampa, les dice que le quedan 5 minutos y la puede enviar a los Estados Unidos, pero la mafia la quiere mandar en Europa. El FBI la consigue y les dice la estrategia de la mafia se enfrenta a las revoluciones.

La mafia en Chicago

- Al Capone nació en Brooklyn en 1899 y fue el jefe de la mafia más grande de Chicago. Muere enfermo en 1947.
- Joe Aiello, traficante de alcohol y enemigo de Al Capone. Es asesinado en 1930.
- Bugs Moran, enemigo de Al Capone, se une con Joe Aiello para matar a Al Capone y quedarse con el negocio de venta de cerveza. Muere en prisión en 1956.
- Frank Nitti, nacido en 1887, fue uno de los guardaespaldas y posteriormente sucesor de Al Capone. Muere por suicidio en 1943.

- Sam Giancana, nacido en Illinois en 1908, fue
  también jefe de la mafia de Chicago. Muere
  asesinado en 1975.
- Joe Masseria, jefe de la mafia en Nueva York, nace en
  1885 y muere asesinado en 1931.
- John Scalise, miembro de las pandillas de Chicago,
  nació en 1902 y muere asesinado por balas en 1929.

Durante la época de la Prohibición en los Estados Unidos, había bandas de mafiosos luchando por el poder y matándose unos a otros en las calles. Al Capone es un hombre muy peligroso, asalta camiones, tiene prostíbulos y trafica con alcohol. Tiene enemigos de otras bandas de mafiosos en la ciudad y lo han emboscado en varias oportunidades. Capone se defiende y está dispuesto a acabar con sus enemigos, especialmente Bugs Moran, por lo que organiza la Matanza de San Valentin el 14 de febrero de 1929.

El plan de Capone era engañar a Moran y ofrecerle unas cajas de whisky a muy bajo precio, usando a otra persona para hacer la venta. Un supuesto señor Matute, nacido en Castel Gandolfo y dedicado al transporte, le ofrece 80 cajas de contado. Pide 56 dólares por caja más el descargo del operador. De los 4996 dólares que pidió, le pagan 4000 dólares solamente.

Antes de las 4pm debe estar allá y se pone en marcha la trampa para matar al jefe. Don Pasquale es muy correcto, pero se matan unos a otros y luego hacen fiestas. "El problema de este país es que no hay orden", dice con razón

Al Capone. Los chicos fuman en plena calle y todos lo quieren matar.

Está todo listo para realizar la Matanza de San Valentin, la venganza de Al Capone contra sus enemigos. Muy temprano en la mañana, unos mafiosos disfrazados de policía fingen una redada contra los miembros de la banda rival. Los ponen contra la pared, los desarman y los matan.

Aiello, otro de los gánsters de Chicago, no tiene antecedentes penales. Hace un acuerdo para comprar un carro nuevo, de 800 dólares lo compra en 750. Lo entrega en una dirección, junto con unas metralletas. Para el año 1892, Aiello ha matado a 30 personas en 3 años. Aiello es asesinado por Capone un año después de la Matanza de San Valentín.

11

GUERRA DE COREA

Corea del Norte es un lugar aislado y el más triste del mundo, siendo la cuarta potencia militar. En 1950 había muchos soldados estadounidenses en Corea del Norte. Lucharon durante 3 años y murieron soldados chinos, estadounidenses y franceses. Corea del Sur después de 40 años se pregunta por qué pasó esto, pues parece la tercera guerra mundial. Regresaron a Corea por recuerdo de los desastres

Era un domingo por la mañana y asistía a la secundaria. Carol de 9 años pensó que era una aventura cuando explota la Segunda Guerra Mundial. Las mujeres fueron usadas como prostitutas del ejército estadounidense, quienes no fueron bien recibidos. Los soviéticos se apoderaron de Corea del Sur y pensaron liberarse de los estadounidenses, convirtiendo a las dos Coreas en comunistas. Los japoneses acordaron con los estadounidenses que los japoneses elegirían el gobierno. La idea estaba muy pendiente.

Pronto en las calles comienzan huelgas, ya que no quieren a los estadounidenses. Una estudiante de medicina empezó a enseñar a los estudiantes. En 1948 siguen protestando y todos hicieron lo mismo, preparándose para la guerra. Estados Unidos uniendo fuerzas para invadir Corea del Norte y Sur, quienes dicen "no queremos guerra". Los chinos no quieren entrar en guerra. Los estadounidenses piensan que la guerra es lejana, pero no fue así por desgracia. Nadie le dijo a Stalin que invadiera Corea del Sur y los estadounidenses dicen que no se frenará la guerra.

El 25 de junio 1950 Corea del Norte lanza la guerra contra Corea del Sur. Los estadounidenses condenan a Corea del Norte y Rusia se enfrenta al mundo. El comandante estadounidense dice que es culpa de los imperialistas.

Los chinos no estaban enterados de las intervenciones de los estudiantes y empezaron a prepararse con medicina de la policía norcoreana. 44.000 soldados quedaron atrapados y muchos se rindieron. La falta de medicina se convierte en una guerra.

Los comunistas querían guerra. Una niña de 11 años regresó a su casa porque habían asesinado a sus padres. Mientras los comunistas se van a Corea del Sur armados, matan a muchos coreanos. La gente no quería a los coreanos. Los surcoreanos no resisten y quieren ganar la guerra. La puerta de las Américas, la puerta cerrada.

Un jóven menor de 20 años no quiere evitar enfrentamientos entre comunistas y separatistas. Una periodista le dice que espíe a los norcoreanos y quiere una confesión. El periodista se niega y los pusieron presos.

En septiembre de 1950 China está preocupada porque va a morir mucha gente. La fuerza estadounidense piensa cómo doblegar a los coreanos y consiguieron una victoria. Era otoño y se asoma un secreto de guerra nuclear. El 10 de noviembre de 1950 en el río empieza la historia, con un cargamento de una bomba de 3 toneladas, la más grande de Estados Unidos. El piloto pidió a Francia soltar la bomba a 765 metros de alto e hizo temblar la tierra a una distancia de 40 kilómetros. A los niños los llevan a ver el desastre y queda asombrado un muchacho de 18 años, que no estaba preparado para la guerra.

Douglas MacArthur, general estadounidense, dice que la guerra se gana o se pierde. Los Estados Unidos se tomaron venganza con su gran flota aérea, mientras que la gente moría abrasada y de asfixia. Hubo 200 muertos en una pequeña aldea.

Los estadounidenses piensan que los coreanos se esconden. Los civiles no se incorporan; son considerados enemigos. Después se informa que es una gran aldea el lugar donde se esconden.

12

GUERRA ESTADOS UNIDOS Y MÉJICO

La independencia de Méjico

- En 1815 Méjico era una colonia. Con la muerte de Morillo surgió la insurgencia. Se retiraron hacia la zona de Veracruz donde había pesca, la cual transportaban a través de un puente. Así comenzaron muchos comercios.
- 1816 llega Juan Luis Porlaco a la corte de Madrid. Los hombres estaban cansados de luchar por días, por lo que empezaron los indultos de los insurgentes. Los políticos de la corona española, heridos de muerte, preferían el indulto. El insurgente se encontró en el paso de las ovejas.
- En 1817 decidieron combatir al monarca y compraron espadas para la insurgencia. Muchos

fueron fusilados y la lucha del insurgente se hizo difícil. Lucharon con 81 hombres y se normalizó la guerra. Las poblaciones españolas se cansan, pues lleva mucho tiempo de duración la guerra. Los insurgentes también estaban cansados y querían tener paz con sus comercios.

- En 1820 Rafael del Riego hace un levantamiento militar e insta al Rey Fernando VII a retirarse. La Iglesia se requería y la provincia aumentaría. El Rey se convierte en conspirador y durante años la Corona de España sentía desprecio.

- Mientras tanto, Vicente Guerrero prepara un nuevo ejército en Méjico en enero de 1821. Busca la victoria y siendo americanos, quieren ser superiores y encontrarse con un amigo leal. Tuvo habilidad política y piensa en la independencia. Quiere unirse con los católicos y no cumple reserva con familia de los barones. Fue un proceso buscar las tres garantías: la religión, la paz y la lealtad.

- En 6 meses las tropas mejicanas ocupan Guadalajara. El Rey de España cumplía las normas y los Masones se ponen en el medio. El Rey Polaco es aprendido en Veracruz y los españoles quieren ganar todos los traslados y tratados.

- En Córdoba empiezan las liberaciones de Méjico y los últimos soldados españoles se van del país. En un discurso pronunciado por el Libertador de Méjico, él les dice: "Está libre. Toca a usted salir adelante".

Intervención estadounidense en Méjico

Estados Unidos declaró la guerra a Méjico en 1846. En ese año, el ejército estadounidense había cruzado el río Bravo. El presidente de Estados Unidos para el momento era el General Polk, hombre carismático y brillante, aunque a algunos les parecía pesado. El ejército estadounidense derrota a los aztecas en ese mismo año y cayó California.

Por su parte, Antonio López de Santa Anna vuelve del asilo y hace un discurso que dedicó a Méjico, que le permitió regresar. Era el único capaz de derrocar a los Estados Unidos. En 1847, Santa Anna organizó el ejército con 20.000 hombres, de los cuales sobrevivieron 15.000. La guerrilla mejicana hacía horrores con los militares y a veces se pensaba que estaban ayudando a los estadounidenses.

El ejército estadounidense, bajo el mando del General Scott, avanza por las zonas de Saltillo y de Veracruz. Scott es odiado por todos, debido a su apariencia. El ejército comandado por Santa Anna pasa hambre y frío, con muchos muertos y moribundos, pero él quiere seguir adelante.

Durante una de las batallas más importantes, la Batalla de Angostura, se encontraron las tropas mejicanas y estadounidenses en una noche con lluvia y viento. El General Manuel María Lombardini ataca de frente a los estadounidenses, quienes les atacaron con baterías. Murieron muchos soldados estadounidenses, pero les fue peor a los mejicanos. Santa Anna no pensó que les iría tan mal y viendo que no hubo victoria, se apoyó en la Iglesia Católica, que le ayudó con los gastos.

Santa Anna estuvo a punto de ser derrocado tras esta batalla. 10.000 soldados estadounidenses lo estaban esperando en Veracruz y él se resigna a su suerte. Por otra parte, el General Scott había arribado a Veracruz y siguen las batallas y bombardeos. No cesan los heridos y muertos de ambos lados y se estima que se dispararon más de 6.000 armas estadounidenses. Santa Anna dice: "Cada nación tiene su destino. No está en mano de los estadounidenses, está en nosotros."

El 14 de abril, Scott tenía 6.500 hombres y Santa Anna tenía 14.500. Durante la noche, Scott se instaló en las colinas y antes de las 10 de la mañana había terminado la batalla, con mucha pérdida para los mexicanos. Desde el punto de vista del General Scott, había perdido Santa Anna y estaba viendo cómo reconstruir el ejército a medida que se prolongaba la guerra. Su ejército pensaba que era el soldado del pueblo. Santa Anna creía que los estadounidenses no podrían pasar las provisiones y podían rodearlo. Por su parte, Scott piensa que esta batalla es una misión de pobre perdido.

En ese tiempo, un escritor estadounidense escribía que estas naciones no deben tener escala. Entre la cima de los dos volcanes se escondían con muchos problemas el pequeño ejército de 4.000 hombres. Los Españoles habían construido una Iglesia en la cúspide. Scott quería seguir adelante, pero los soldados estadounidenses estaban desorientados. Otro general pensaba que los mexicanos no los podían vencer.

En 1847 el General Scott pensó ganar cruzando la montaña, dando marcha atrás. Estaba a dos días de la ciudad de Puebla. Estaba siguiendo el mismo camino que Cortez, quien 300 años antes no había podido hacer nada. Scott viajó por la montaña y dejó el ejército en esa ciudad, diciendo que "esa ciudad será nuestra". Otro general estadounidense pensaba que no podían ganar, pues la ciudad era muy grande. Las campanas sonaban.

El General Santa Anna reconstruyó el ejército y llegó con 25.000, quienes con armas viejas marcharon contra el ejército estadounidense, pero Scott tuvo suerte. Durante la Batalla de Padierna, el General Gabriel Valencia, más ambicioso, pensaba ganar. Vieron a 23.000 estadounidenses cruzar y Scott pensó que iba todo bien. La idea de retirada de Valencia era cruzar el río, pero Santa Anna veía difícil ese cruce. Después de 3 días las fuerzas de Scott perdieron 10.000 soldados estadounidenses.

A pesar de perder varias batallas, Santa Anna se quería mantener al mando a toda fuerza. José Fernández Ramirez quería ver qué pasaba y dice: "avisa a mi familia que hemos perdido. El alma la tenemos destrozada." Nicola quiso hacer un acuerdo, pero ninguno de los generales de Santa Anna quiso aceptar. Suspende las negociaciones por haber fracasado.

Scott pensaba reestructurar el ejército, pero no fue así. En la Batalla del Molino del Rey pensaba encontrar pólvora y municiones, pero no había nada. Dos horas duró la batalla.

Scott perdió, pero Santa Anna tuvo más pérdidas. Las campanas sonaban, no se podía hacer nada.

El ejército mejicano quería ver por dónde podrían entrar las tropas estadounidenses durante la Batalla de Chapultepec. La batalla duró 14 horas y no perdieron. Santa Anna quería más hombres para su ejército, pero no le enviaron a nadie. El Coronel Juan Cano le pedía a un tío: "dígale a mi hermano que no venga a Chapultepec. No quiero que mi pobre padre se quede sin hijos".

400 francotiradores subieron al cerro y hasta los cadetes combatieron, incluso un niño de 13 años había caído muerto. Los estadounidenses tumbaron el castillo de Chapultepec y se rindieron los mejicanos, pues habían fracasado. La madrugada del 14 de septiembre, el General Scott había subido para arrojar piedras al ejército enemigo.

Tras perder las batallas, Santa Anna volvió al asilo y se distanció con la mayoría. "Nunca hice algo malo contra mi Patria". Santa Anna, después de tener riquezas, perdió todo y lo único que le quedó fue su esposa.

Nicholas Trist, diplomático estadounidense enviado a Méjico durante la guerra, nunca había hecho una misión. Lo suspendieron los estadounidenses por desobedecer órdenes durante las negociaciones para el fin de la guerra. Nunca había hecho una lucha tan grande. Un mejicano le escribió a Trist y él desobedeció a sus superiores, escribiendo un documento de 46 páginas.

Como compensación por perder la guerra, los estadounidenses les querían entregar 15.000.000 de dólares a los mejicanos, pero no los aceptaron. Si aceptaban la venta, les
daban la nacionalidad estadounidense, pero no aceptaron. El
19 de febrero de 1848 firmaron la paz.

Muchos mejicanos se opusieron a ser ciudadanos estadounidenses. Decían "estamos derrotados y muchos han muerto.
Nuestro pueblo tiene derecho a vivir en paz. Perdimos California y La Mesa y estamos recibiendo 15.000.000 de dólares.
Aceptamos la derrota".

El 30 de mayo finalmente queda establecida la paz y les
queda una vida por delante. Los mejicanos nunca olvidarán
esto, ya que es una mutilación de su territorio. Los veteranos
combatientes mejicanos desfilaron orgullosos después de la
derrota.

Guillermo Duque dice: "en Méjico perdimos territorio pero
tenemos la experiencia de organizar nosotros nuestra
nación. Es difícil asimilar esta derrota tan grande. Los estadounidenses vencieron".

En 1865 se apretaron las manos, celebrando una acción tan
infame contra una nación tan pequeña. La tierra que expro-
piaron en California es rica, pues tiene oro y minerales.
Ninguno de los mejicanos aceptó la nacionalidad estadounidense. Mariano Vallejo fue un personaje muy importante en
la transición de California de territorio mejicano a estadounidense. Hicieron un jardín con sus tierras y a su muerte en
1896, dejó una hectárea de tierra, algunas vacas y la experiencia de no pelear.

Thomas Nelson Jr. dijo que la pelea no llega a nada. Hoy la guerra es un caso de estudio muy importante pero la experiencia vivida por los dos países es obligado vivirla juntos.

13

LEONARDO DA VINCI

Leonardo Da Vinci fue hijo de una esclava llamada Caterina. La historia de la esclavitud del mediterráneo se encuentra en Venezia. Fue un gran pintor de mucha fama y fue uno de los mejores pintores del mundo.

INVENTOR DE LA LUZ

Marconi soñó 1000 noches y no pudo completar el sueño creador de las luces. Un día miró dos piedras y las hizo brillar. Pensó que con esto se podía tener luz y empezó a estudiar. Poco a poco inventó las luces.

15

CRISTÓFORO COLOMBO

Cristóforo Colombo, conocido en castellano como Cristóbal Colón, fue un marino genovés. Tuvo un sueño que después del mar había vida y pidió ayuda al gobierno Italiano, pero no tenían cómo ayudarlo. Se fue a la Reina Isabel en España y ella le dio tres barcos: la Niña, la Pinta y la Santa María. También le dio hombres que sacó de las cárceles, siendo presos muy peligrosos.

Viajaron noches y días sin descanso, hasta que se hartaron esos hombres y lo querían matar y botar al mar. Hasta que alguien dijo que había tierra y así fue descubierta América. Vieron que había gente viviendo en Estados Unidos y otras partes del continente.

EL MILAGRO DE JOSÉ GREGORIO HERNÁNDEZ

S oy Teresa Di Sclafani y en el año 1967 recibí un milagro. A mi hijo Vincenzo le vino una fiebre. A las tres de la tarde le di el remedio y se le bajó la fiebre a las siete, se durmió a las ocho. Cuando le fui a mirar estaba temblando. Le di la medicina y no le bajó la fiebre, por lo que le puse un supositorio. A medianoche él murió, dejó de respirar. Invoqué al Doctor José Gregorio Hernández con toda mi fuerza y después de media hora empezó a respirar.

Fuimos a la clínica Calicanto y tenía la fiebre en 43 grados C. Lo pusieron en una bañera con agua y hielo y se le bajó. Al día siguiente tenía llagas en la boca.

En agradecimiento le llevé una placa a José Gregorio Hernández a Trujillo, donde había nacido, y una a Caracas, donde está sepultado. Él hizo muchos milagros pero el Papa no los reconocía porque los brujos trabajan con el espíritu de él.

El 30 de abril de 2021 una muchacha había tenido un accidente, que le produjo un tumor en la cabeza y luego se le desapareció. Este milagro el Papa lo reconoció y beatificó a José Gregorio.

Pensando eso me propuse hacer la estatua en el pueblo donde nació mi marido, Alia, en Palermo, Italia. Llamé al Padre Antonino Vicari y me dijo que no conocía a ese beato. Llamó al Vaticano y le dijeron que era beato, con lo que empecé los trámites con el Obispo Giuseppe Marchante.

Duré tres meses haciendo estos trámites hasta que me autorizaron ponerlo en una pequeña iglesia a la entrada del pueblo Santa Rosalía. La estatua fue hecha por la mejor del mundo, quien trabaja para el Vaticano. La estatua mide 170 centímetros de alto y 10 centímetros de base.

Viviendo yo en Florida no podía hacerlo directamente y llamé al marido de mi sobrina Santina, Giuseppe Nogara, quien es un militar y es muy católico. Él hizo todos los trámites y me fui a Italia el 18 de junio cuando hicieron las bendiciones. Asistieron Monseñor Di Sclafani, el Padre Mormino, el autor fue el Padre Antonino Vicari Párroco de la Madre Iglesia y de Santa Anna. También asistieron el clero, la hermandad de la Madre de la Gracia San Giuseppe y la Divina Providencia, músicos y todo el pueblo.

Habló mi sobrino de la vida del Beato José Gregorio Hernández y después hablé yo, dando testimonio del milagro. Los Di Sclafani hicimos historia.

17

EL PAPA FRANCISCO

El Papa Francisco el 12 de septiembre de 2023, con sus palabras criticó a la derecha de Ucrania y dijo estar de acuerdo con Rusia. Dice que la gran Rusia está contra la República.

El Papa admiraba la política de Perón. En ese tiempo se robaban a los niños, una monja y un cura y los vendían a los negros, pero el Papa nunca dijo nada. Después de muchos años están regresando a sus hogares con hijos grandes y sus esposas. Hay madres que viven y otras están muertas. Las mujeres todos los días van a caminar a la Plaza de Mayo para reclamar a sus hijos y ésta es su triste historia.

FRANCISCO DE MIRANDA

F rancisco de Miranda nace en Caracas en 1750. Su padre era isleño y se casa con la madre estando ella embarazada. Su madre tuvo 9 hijos vivos y varios muertos, siendo Miranda el mayor de todos. Para la época de su nacimiento, la población de Venezuela estaba conformada por blancos, negros, indígenas y mestizos.

En su infancia tuvo los mejores maestros y era muy inteligente. Estudió en la escuela militar y llegó al rango de General. A pesar de estar cerca de muchas mujeres bonitas de sociedad, nunca se casó. Hablaba inglés, italiano y castellano.

Tuvo problemas con Inglaterra, España y Francia por sus ideas independentistas. Luchó contra los españoles para liberar la importante isla de Cuba y contra los franceses para liberar la gran ciudad de Nueva Orleans, cerca del río Misisipi. Cayó varias veces preso, pero nunca le comprobaron nada.

Vivió durante un tiempo en Francia, de donde lo querían echar. Él alegó que no podían, pues él pagaba impuestos. Miranda llegó a Holanda y lo presentaron al ministro de Francia, quien lo remitió al Prefecto. Luego se dirige al ministro de la policía, quien lo presentó al cónsul y les explica por qué volvió a Francia. Dice que no quiere enfrentarse a nadie, solamente quiere recursos para sobrevivir, pues la República tiene su patrimonio.

Le entregan un pasaporte que dice que Miranda tiene 46 años y mide 1,78 metros. Le debían permitir ir a París sin problemas. Apenas le dieron el pasaporte, el cónsul, amigo de Miranda, tomó medidas para hacerlo salir y encontró el camino. Napoleón estuvo de acuerdo con la presencia de Miranda y puede vivir en París o en cualquier parte de Francia, en condiciones peculiares hasta que se encuentra libre.

Napoleón llegó a París el 30 de agosto de 1800 y al día siguiente le avisó a su ministro Joseph Fouché que arreglara todo e irse a los Estados Unidos. Miranda visita a su amiga la Marquesa De Custine, quien estaba en ese tiempo enamorada de Fouché. Ella intercede a favor de Miranda para continuar con influencias personales, pues era un caso político. A los pocos días la policía se presenta en la casa de Miranda, acusándolo de conspirar contra Francia, cuando en realidad Miranda conspiraba contra España, que era amiga de Francia.

Le dan otro pasaporte que dice que tiene 47 años y 1,76 metros de estatura. El 17 de marzo de 1801 sale de Francia rumbo a Inglaterra y en poco tiempo se convirtió en ferviente amor de Chateaubriand. Miranda, ese juego que tuvo Napoleón, por no impulsar a salir adelante.

El 13 de mayo, cuando habían transcurrido pocos meses de su llegada, los nuevos ministros lo recibieron con amistad y con planes civiles y militares, todo hecho en secreto. Inglaterra le da apoyo político, militar y financiero. Esos son los documentos que lo acusan, redactados en Francia y España. La corona española quiere la soberanía de América, ni por las donaciones papales ni por el derecho de conquista. España envía un diputado al congreso.

Miranda buscó la independencia y la libertad para varios países de América, con los siguientes ideales:

- La religión católica sería la principal, pero las demás religiones serían toleradas.
- Las funciones eclesiásticas están declaradas incompatibles con las civiles.
- Los indígenas de color gozarán de los derechos ciudadanos.
- Todo ciudadano de 18 a 58 años está obligado a tomar las armas en defensa de la Patria.
- Los esclavos quedaron excluidos. Miranda veía mucha distancia y parecía olvidarlos.
- Los prisioneros de guerra debían ser objeto de cuidado, generoso y digno.

- Queda prohibido el maltrato a los civiles con columna militar.
- Son objeto de prisión el comercio ilícito, los buhoneros no regulados y la prostitución.

Miranda puso normas muy correctas en Panamá, como quería el gobierno estadounidense. Presentó proyectos en Curazao y diseñó la bandera de Venezuela, amarillo, azul y rojo.

Planeó que el desembarco sería en Coro, Venezuela, donde los habitantes estaban a favor de la independencia y sin defensa. Se formó un cuerpo de 2000 hombres y 300 caballos para seguir a San Felipe, Nirgua y Valencia. Planeaba usar el sistema romano y dejar fuertes que mantuvieran la línea del centro, de Curazao a Valencia. También quería buscar refuerzos y hacer un movimiento hasta el Valle de Aragua por Maracay, San Mateo y La Victoria, zona muy poblada de gente propensa a la independencia. Una fuerza marítima partiendo de Granada y Trinidad atacaría a Cumaná y La Guaira. De esa manera, Caracas estaría tomada entre dos fuerzas y así las fuerzas de la provincia serían reducidas y el éxito estaría asegurado.

Trinidad se puede penetrar por el Orinoco. Controlada Caracas, saldría una fuerza armada importante hacia Maracaibo, Riohacha, Santa Marta y Cartagena, cortando la salida de Magdalena. Estarían cerradas las comunicaciones de Nueva Granada. Para evitar que desde La Habana fuese enviado socorro a Cartagena, la escuela Británica bloquearía el puerto contra el Istmo de Panamá, para enseguida enviar a través de Panamá una fuerza marítima a los mares del sur de Perú y Chile. Una vez controlada Panamá, el propósito era el Caribe y el Golfo de Méjico cerca de Jamaica, Cuba y Florida.

El resto del continente era desconocido. Desde Trinidad se haría un ataque marítimo por La Guaira y Cumaná, mientras que por vía terrestre sería en tránsito por Coro. Miranda no creyó en ello. Podía ir por Bogotá desde Trinidad y Angostura, que atraviesa dos ríos, integrado por llano y montaña con obstáculos naturales muy difíciles desde Maracaibo y Cartagena. La costa atlántica de Panamá no sirve tanto para pasar por el Pacífico y mucho menos controlar Chile y Perú.

Tenían razón Napoleón y el Presidente Adams, al ver en Miranda a un Don Quijote, pensador de sueños que luchó con lo imposible. Las oficinas Inglesas pensaban diferente a Miranda y lo que anhelaba Miranda era la libertad de América.

La flota británica dirigida por Nelson en la fortaleza de Dinamarca, el 2 de abril de 1801, terminó con esas coaliciones de los ingleses contra Suiza. En el Mediterráneo los británicos logran otro éxito: la batalla de Alejandría. Los movimientos siguieron en Francia por el Tratado de Aranjuez, que el 21 de marzo de 1801 cedió Luisiana a España y se dejó el derecho de recuperarla con el Tratado de Badajoz. En 1801 se cerraron los puertos Portugueses a Inglaterra y Portugal cedió a Francia una parte de Guayana.

Bonaparte logró la paz de Roma el 15 de julio de 1801. Todos pensaban en la paz de Inglaterra con Francia y sus preparativos, sin suspender una posible invasión. Francia abandonaba sus pretensiones en Egipto e Inglaterra y conservaría Tobago, Martinica, el Esequibo y Trinidad. Hubo fuertes discusiones en el parlamento inglés y lo disolvieron con elecciones generales. Rusia y Austria no enfrentarían a Napoleón y este quería usar a Santo Domingo como base colonial para recibir la nueva Luisiana.

En una maniobra el 2 de mayo de 1803, Francia vendió el territorio a los Estados Unidos. El ambiente inglés es insostenible. Addington renunció el 29 de abril de 1804 y fue reemplazado el 12 de mayo de ese mismo año. Ese cambio profundizó la proclamación del Emperador. El Duque de Enghien acababa de ser ejecutado por el General Hulin, bajo sospecha de traición a Bonaparte.

Había peligro de que la tropa Francesa llegara a las islas británicas a través del canal, lo que obligó al gobierno inglés a realizar un operativo militar. Ante eso el Señor Robert R Livingston, canciller y ministro de los Estados Unidos en París y conocido por Miranda, se va a Londres para proponer a Napoleón manipular a Austria y Rusia. Napoleón controla a Carlos IV, que maneja toda Italia. Acusa como caso único al zar Alejandro I, quien se niega a someter al emperador.

Addington durante su ministerio había aprobado las revoluciones españolas y prefería la libertad para manejar España. Descuidó los intereses ingleses en represalia de España y Francia.

El 4 de octubre de 1804 los ingleses atacan a cuatro barcos de España cargados de tesoro peruano. Ante este hecho España se ve obligada el 12 de diciembre a decretar la guerra con

Inglaterra. Antes de la guerra entre Inglaterra y España y después de apresar los barcos españoles, hubo una reunión entre Pitt y Sir Henry Dundas (Lord Melville) que trataba de Sudamérica. Se encargó el Capitán Almirante Sir Home Popham, quien se entrevista con Miranda y ve las intenciones de los británicos respecto a América.

Miranda recapacita sobre sus planes militares por la influencia de Popham de introducir cambios notables al conocer las ideas de Miranda y el proyecto británico. Cambió donde pensaba entrar por la costa del Caribe y Cartagena, desistió de unas operaciones terrestres y marítimas sobre Caracas, que sustituyó por un ataque fuerte en Trinidad y Barbados. Una vez dominada Caracas y Santa Fe de Bogotá, podía preparar otra expediciones, siempre habiendo apoyo ciudadano. Planeaba ataques a Santa Marta desde Maracaibo, con misiones que salieran de Jamaica y también un ataque del Golfo de Darién, para tomar la posición de Panamá respecto al Pacífico.

Mantiene la idea de Panamá como base, con 4000 hombres en barco que vienen de la India para embarcar hacia Lima y Valparaíso. Otra fuerza de 3000 hombres debía atacar a Buenos Aires, para efecto americano y la lucha al lado del Pacífico con costa atlántica.

España cada día depende de Francia y se vuelve peligrosa para Inglaterra. Las exportaciones de su manufactura son el soporte principal de España. Para recibir la riqueza americana, estaba sobreviviendo a través del tráfico marítimo de mercancía americana. Popham considera que la independencia de América significaba destruir la riqueza española, con reducción potencial de su flota y evitar robustecer a la flota francesa.

Ante una posible guerra de Inglaterra, la independencia de Hispanoamérica era de gran interés para Inglaterra, única en su existencia. Cualquiera que fuesen los planes del diplomá-tico Miranda, quería poder irse a Trinidad en calidad de particular para hacer desarmonía con Jovian, servirse el tesoro la marina y el gobierno local con las interacciones de Henry Dundas, ya Vizconde de Melville.

Miranda consideró un nuevo proyecto para ir adelante desde Londres. Dundas amigo de Pitt, fue ministro entre 1794 y 1801 en calidad de secretario de guerra. Miranda hizo un análisis que presentó al Vizconde con ciertos elementos para hacer acciones inmediatas. La advertencia del señor Vansittart acerca de las opiniones del gobierno inglés, quien decía que no había llegado el momento de actuar con esas posibilida-des. El ministro de Estados Unidos ante la corte inglesa, Mr Rufus King, en su viaje de regreso de los Estados Unidos concedía que el gobierno inglés se negaba aprobar las acciones.

Cuando se iba a Estados Unidos, Miranda explicaba que Washington, Knox y Hamilton habían prometido asistencia para ayudar a las tropas, mientras que el gobierno inglés se negaba a ayudarlos o no podía hacerlo. Miranda quería impresionarlos y persuadir a Inglaterra de usar su marina como apoyo. Hemos mencionado que Nicholas Vansittart, futuro Barón del Rey, no solamente era amigo de Miranda, sino que también era su contacto directo con el gobierno inglés. Vansittart fue ministro y secretario del tesoro hasta mayo de 1804 y pocos meses después, en enero de 1805, ingresó al ministerio Mr Pitt como Secretario para Irlanda.

Al final 1804 y mitad de 1805, Miranda se fue a Londres llevando adelante conversaciones definidas con Lord Melville, Home Popham, Sir Evan Nepean, John Tumbull y otros, bajo la mirada del Primer Ministro Pitt. Hace invitaciones, informa y calcula, mientras el rumbo europeo cambia. El Almirante Nelson derrota el 21 de octubre de 1805 a las flotas de España y Francia en la Batalla de Trafalgar, con lo cual Inglaterra adquiere el control del mar.

Después Napoleón obtiene el triunfo de Austerlitz el 2 de diciembre de 1805 contra rusos y austriacos y gana el dominio de Europa continental. Fue inevitable que Inglaterra y Napoleón se enfrentaran y uno dominara al otro. Bajo ese criterio se orientaban las políticas inglesas.

Otra consideración e interés de importancia son sus exactas dimensiones de Inglaterra frente a Miranda, las menciones de Lord Melville y sus consultas. Una nueva alianza contra Francia sustituyendo el tema americano con otro más urgente. Miranda suspendió viajar a Trinidad en el momento de salir bajo pretextos frívolos, de una decisión molesta. La imbecilidad llegó a su tope, no se pueden eliminar los intereses de nuestro país. A pesar de la muerte trágica de Alexander Hamilton, debía trasladarse a los Estados Unidos.

Miranda se sintió insultado por la garantía que Mr Pitt le hizo pedir, apenas instalado en el gobierno. Si Miranda salía de Inglaterra, no podía hacer nada en Trinidad sin consentimiento del Gobernador. Era creencia de Pitt que un curso favorable de Inglaterra no podía atacar a españoles pero si sucedía lo contrario, cualquier molestia que España pudiese sufrir sería bueno para Inglaterra.

El representante estadounidense en 1798 en Londres, Mr Rufus King, había percibido la situación y lo informó a su gobierno. Inglaterra desde la llegada de Miranda acá y sin el conocimiento de este, informó a España que no daría ninguna asistencia a las colonias españolas para su independencia. Unió esfuerzo a los españoles con el fin de rechazar las enseñanzas y las presiones francesas contra el dominio español y portugués. Los King se prepararon por Miranda para una expedición en Trinidad que suspende las colaboraciones de Estados Unidos.

Miranda impaciente por el éxito de las empresas e ignorante de lo decidido por el inglés, envió un comisionado a los Estados Unidos, con Sir Evan Nepean y Vansittart modificando. Hasta que Sir Pitt, por medio de los mencionados señores, hizo saber a Miranda de sus aspiraciones acerca de su integridad y honradez.

Eran inviables durante el mes de julio de 1805 las últimas negociaciones con el primer ministro Pitt, quien aconseja a Miranda que espere un poco. "Por el negocio político en Europa tenemos que empezar otra empresa de carga". Miranda atropellado, no cargaría con culpa y a Pitt no le era posible informar a Miranda de los ataques por ser ejecutados por Inglaterra, por las maniobras navales en contra que realiza con Francia y España.

Miranda y el gobierno inglés lograron un acuerdo, en el que Miranda aceptaba la decisión de Inglaterra. Es visto con interés estadounidense sostener a Miranda con todos sus poderes. Miranda enviaría a gente en Inglaterra correspondencia en secreto. Con autoridad inglesa, daría cuenta de su Escuadra Inglesa que se encontraba en la zona donde se iba a arrastrar.

Fue cuando Miranda comprendió que Mr Pitt ha estado negociando por largo tiempo mediante unas negociaciones que eran:

- de parte de Inglaterra, el compromiso de no perturbar las colonias españolas ni permitir que el uso de sus posesiones para labores revolucionarias en el continente
- de parte de España, el compromiso de no atacar Portugal y mantenerlo en su integridad e independencia.

Para comunicarle privadamente a Miranda, este tenía que salir de Inglaterra e irse a los Estados Unidos. Vansittart le proporcionó un documento de valor político y diplomático inestimable. Era una carta para King, con fecha en Londres el 14 agosto 1805, la cual explica la posición Inglesa ante Miranda y sus proyectos. Vansittart menciona que sus cartas van en las manos de un amigo.

Miranda se embarca en su gran plan para la liberación de su país. Miranda va solo, sin apoyo ni ayuda. Para Miranda, ese documento resultaba de gran valor político y diplomático. Vansittart era de nuevo, en enero de 1805, miembro del gabinete y por lo tanto pensaba que el documento había sido redactado, firmado y entregado con el consentimiento de Pitt.

El señor Vansittart sabía que esa nota quedaría en manos de King. Tenía que ser con el gobierno estadounidense, por eso el tono del asunto de las cartas es de especial sutileza. El juego político inglés es muy claro en las situaciones internacionales. No era posible para Inglaterra apoyar de inmediato los proyectos de Miranda contra España. Estaban interesados en el libre comercio con Hispanoamérica, actividad que ha sido negada por España. Lo sabía Mr King e Inglaterra estaba segura que lograría ese objetivo.

Se instalaba un gobierno independiente y seguro. Ante esa perspectiva los políticos ingleses estaban dispuestos con la palabra libertad y veían muy bien las situaciones internacionales. Estaba seguro Vansittart de que Miranda tendría un éxito importante con las opiniones públicas de los ingleses a su favor. Para impedir que España o Francia pudiesen dar refuerzo a América para detener acciones revolucionarias de Miranda, el gobierno inglés ordenó sus tropas de guerra estar vigilantes.

"Me dirijo a usted con la confianza de un amigo, con el sentimiento de británico por los intereses del país de Inglaterra". La influencia de Miranda encuentra su última voluntad y varios riesgos políticos peligrosos. Había empleado gran parte de su vida para este momento. Su primer hijo, que llamó Leandro, tenía 18 meses de nacido. Ser padre por primera vez a los 55 años es un momento para recordar.

Con sus pocos bienes, sus archivos y su biblioteca, Miranda usa el testamento para resumir su propia vida que considera consagrada para planes políticos, para destinar que un hispano asistiera a una sabia libertad civil. Con ese bien luchaba por sus compatriotas. Escribe un emotivo testamento por el logro de la libertad para la patria, el pueblo y el destino de sus ciudadanos. Enseñado por la universidad de Caracas, es una carta particular por sus bases.

Miranda tiene deudas con tres libreros, los señores Dulati, White y Evan le habían dado varios libros, que tenía que devolverlo si no los pagaba. Escribió a tres amigos: Rufus King, Willian & Smith de Nueva York y Christopher Gore de Boston. Les avisó de su pronta llegada y pide a King y a Gore reunirse para hablar de asuntos importantes. Quiere que estén preparados para actuar y pide a Smith que estuvieran listos los medios para el negocio. Se consideraba como vencedor.

El 2 de septiembre de 1805 se embarcó Miranda en Gravesend en el buque Polly. El 9 de noviembre llegó a Nueva York y se comunicó con Mr King. Le envió las cartas de Vansittart y pronto hizo una expedición militar. Carecía de fondos abundantes y tenía que buscar cómo actuar en el territorio de Estados Unidos.

La situación de Estados Unidos que Miranda encontró después de sus viajes en 1783 y 1785, fue que tres estados habían sido añadidos: Kentucky en 1792, Tennessee en 1796 y Ohio en 1803. Lo preside por segunda vez el señor John Adams, sucesor de Washington, fundador de la República, miembro del Congreso. Estuvo en el Acta de la Independencia, gobernador de Virginia, ministro de Estados Unidos y Francia, vicepresidente de los Estados Unidos en Francia y vicepresidente de los Estados Unidos en 1797 y 1801.

Electo en 1804, la presencia de Jefferson en la Casa Blanca es muy significativa. No ocurría antes en la vida política del país federalista republicano. Cambió la vida presidencial, las relaciones del Presidente y sus secretarios, con el Congreso y con el pueblo estadounidense. El latín y el griego en el estudio de la historia para evitar la tiranía.

Durante el primer periodo de Jefferson, Estados Unidos compró Luisiana a Francia por 10.000.000 de dólares. Además de la suma de inmenso territorio al país, resolvía el gobierno estadounidense sus relaciones con Francia.

Los planes de Miranda tuvieron repercusiones en el gobierno de orden demócrata, que culminaron en el tribunal del Congreso en Estados Unidos de Nueva York. Miranda tenía que ocuparse del financiamiento de sus expediciones por los intereses estadounidenses. A la llegada a Nueva York entregó al señor King las cartas de Vansittart, considerando muy importante el pensar de Gran Bretaña respecto a Hispanoamérica. Por esta razón nada podía hacer el gobierno en ese momento, en relación con el logro perseguido por el

General Miranda. Él trata con la autoridad estadounidense y haciendo buen efecto las notas de King para Madison, se traslada a Washington.

Salió de Nueva York el 29 de noviembre y llevaba un diario, como lo hacía generalmente. Anota en esa visita una carta al Presidente John Adams, donde fue informado acerca del comercio, agricultura y construcciones.

El 5 de abril de 1815, fue informado el Doctor Benjamin Busch que el General Miranda había visitado Filadelfia y fue a cenar con él, donde habló de relaciones políticas y de la corte de Europa. Al día siguiente de llegar a Washington, Miranda visitó al Presidente. Conocía la nota de King a la carta de Vansittart y llevaba una carta de presentación inmediata.

Despachando a sus ministros, le preguntó cómo dejó Europa, ya que al parecer estaban todos con armas en la mano. Miranda se despidió para ir a secretaría de Estado también. El Doctor Busch habló con Mr Madison, quien le recibió con agrado, diciendo que tenía varios negocios políticos americanos que comunicante al Presidente.

Sin pérdida de tiempo, el lunes 9 Madison citó a Miranda a su oficina para el martes 10 a las 2 PM, pero se ausentó Miranda. No se cumplió con la cita hasta el jueves 12. Eran conversaciones muy privadas, según las instrucciones del Presidente. Miranda dijo haber manifestado al secretario Madison que había hecho todo el esfuerzo para emancipar el continente hispanoamericano, pero se necesitaba el consentimiento del gobierno. Tenía amigos en New York y Boston que les ofrecían caudales y que el gobierno esté prestando asentamiento y aprobar la nota de que Inglaterra se provisionaba de alguna parte del continente. Oía la propuesta con agrado el Secretario, pero les preocupa Inglaterra, que en posesiones de alguna parte de otro continente podría ayudar al gobierno.

Al llegar a su hotel, Miranda encontró una tarjeta del Presidente Jefferson, donde invitaba a cenar el día 13. El día antes de la cena continuó la entrevista de Miranda con el secretario de Estado. Fue una conversación muy peculiar que no respondía a una empresa particular. Manifestó que el gobierno tenía la mejor voluntad hacia Miranda la forma de actuar es aventurada y peligrosa que ayudarla propio del gobierno

Miranda fue un luchador del mundo, uniendo países. Estuvo varias veces preso y murió solo. Nadie se acordó del bien que hizo en todo el mundo. Necesitaba 50 libras y 300 pesos para él. Fueron entregados pero fue necesario gastar el dinero. El plan no se cumplió ni ningún otro soborno.

Terminando marzo de 1816, la presión sobre él era demasiada. Gravemente enfermo, adolorido, desilusionado, triste y sin amparo, nadie se acuerda de él. La ayuda ofrecida nunca llegó. El 25 de ese mes sufre un ataque cerebral y dura varias semanas muy mal. El 14 de julio de 1816, a la una y cinco de la mañana, entregó su espíritu, según escribió su sirviente Moran al Señor Peter Turnbull.

ACERCA DE LA AUTORA

Teresa Di Sclafani De Nasca nació en Italia. También ha vivido en Venezuela y en los Estados Unidos. Su autobiografía saldrá muy pronto.